CANTON DE SAINT-SAENS.

USAGES LOCAUX

Pagi et utilitas et securitas.

E. G.

Neufchâtel-en-Bray,

IMPRIMERIE DE TH. DUVAL

PETITE RUE NOTRE-DAME.

—

1877.

USAGES LOCAUX

CANTON DE SAINT-SAENS

USAGES LOCAUX

Pagi et utilitas et securitas.

E. G.

NEUFCHATEL-EN-BRAY

IMPRIMERIE DE TH. DUVAL, PETITE RUE NOTRE-DAME.

1877

AVANT-PROPOS

En 1855, le gouvernement a fait distri-
buer, dans chaque canton, un *Questionnaire sur les Usages locaux,* en instituant des
Commissions Cantonnales pour y répondre.

Cette mission a été accomplie ; mais les
solutions, restées dans les Archives des Jus-
tices de paix, sont presque ignorées du public. Et pourtant il semblait opportun que
ces Usages, sanctionnés d'avance par nos
lois civiles, fussent mis à la portée des inté-
ressés, propriétaires et locataires, agriculteurs et industriels, maîtres et serviteurs ;
car leur publicité est le seul moyen d'éclai-
rer chacun sur ses devoirs. C'est aussi pré-
munir les justiciables contre de fréquentes

difficultés de détail et prévenir des procès souvent de peu d'importance, mais toujours onéreux.

Dans cette pensée, il devient essentiel de faire profiter les habitants du canton de Saint-Saens d'avantages dont jouissent déjà quelques rares localités dont les *Usages locaux* sont imprimés.

Bien que le Questionnaire contienne 359 numéros, notre recueil n'en contient que 285, parce que diverses questions ne s'appliquent point à notre canton, et que d'autres, se confondant entre elles, n'exigent qu'une seule réponse.

On a respecté l'ordre des numéros du Questionnaire officiel, en supprimant ceux devenus inutiles. Et, comme le Questionnaire avait entremêlé ce qui concernait les rapports des fermiers *entrant* et *sortant*, nous avons préféré diviser cette partie en quatre articles, indiquant séparément les *devoirs* et les *droits* de chacun. Toutes les solutions précédées d'un titre bref qui en présente l'objet et remplace avantageusement les longues demandes du Questionnaire portent, entre parenthèse, l'ancien numéro d'ordre de celui-ci lorsque sa nomenclature est modifiée.

Ce titre et tous les objets traités sont reportés dans une table alphabétique finale, qui permet de trouver sans efforts la solution qu'on peut désirer.

La Commission instituée par le Préfet, en 1855, se composait de :

MM. BAILLEUL, alors juge de paix et conseiller général ;
CORNEILLE, député, décédé en 1868 ;
E. ROULAND, membre de la chambre d'agriculture ;
E. MABIRE, secrétaire de la Statistique agricole ;
Fx. LEFEBVRE, tanneur, aujourd'hui secrétaire de la Chambre de commerce de Rouen.

Comme la rédaction de 1855 avait parfois soulevé des doutes qui pouvaient jeter de l'incertitude dans les solutions, une assemblée de 47 notables du Canton fut réunie à la Justice de paix, le 6 juillet 1876, sous la présidence du conseiller général M. Bouctot. On y avait convoqué les 15 maires du Canton, les autres membres de la Commission de statistique agricole, 12 agriculteurs, commerçants et industriels, 2 instituteurs, 5 officiers ministériels. Après avoir entendu l'exposé du Juge de paix, l'assemblée renvoya l'examen du travail à la Commission originaire dont trois membres encore vivant, lesquels demandèrent l'adjonction de quelques personnes.

L'assemblée, accédant à leur vœu, leur adjoignit :

MM. RASSET, conseiller d'arrondissement, président du Comice agricole, maire de Montérollier ;
CAUCHOIS, maire de Rocquemont ;
NOËL, maire de Neufbosc ;
DUBOSC, maire de Fontaine-en-Bray.

Cette Commission termina son examen le 17 août 1876.

TABLE DES MATIÈRES

PREMIÈRE PARTIE.

USAGES LOCAUX

Sur les Matières du Code civil.

TITRE I.

DE L'USUFRUIT.

CHAPITRE I.

Bois-Taillis et par analogie Haies, Joncs-Marins.

Code civil, art. 590. — Si l'usufruit comprend des bois-taillis, l'usufruitier est tenu d'observer l'ordre et la quotité des coupes, conformément à l'aménagement et à l'usage constant des propriétaires.

1. AMÉNAGEMENTS. — Le plus ordinaire pour bois-taillis isolés ou rattachés à un corps de ferme est neuf ans.

2. ELAGAGE. — L'usufruitier n'a pas le droit d'élaguer

les menues branches latérales des principaux brins, quel que soit l'âge du taillis.

4. Coupe. — Celle du taillis se fait du 1er novembre au 1er avril, et tout doit être enlevé fin d'avril.

6. L'Abattage se fait à taille blanche.

7. Pelard. — On peut laisser exceptionnellement le chêne de 12, 15 & 18 ans, du 1er mai au 1er juillet, mais l'enlèvement doit être terminé le 15 juillet.

9. Baliveaux. — L'usage est de laisser 1 baliveau par are, et ces baliveaux peuvent être indifféremment de souche ou de graine.

11. Essence. — Rien de fixe. Le choix dépend du sol qui convient le mieux.

12. Age.— Les baliveaux doivent avoir au moins 9 ans, à moins qu'ils soient de graine.

13. Paturage. — Il est absolument interdit dans les taillis pour toute espèce d'animaux.

15. Haies. — Celles de pied et celles plantées sur des banques de fossés, tout en servant de clôture, doivent être élaguées et coupées tous les ans, quelle que soit leur essence. Mais cela sauf l'obligation résultant en faveur de la propriété voisine, par application des articles 671 & 672 du Cod. civ. et du règlement des chemins vicinaux.

17. Joncs-Marins. Ils se coupent à 3 ans, qu'ils soient séparés ou en massifs, près des baies ou dans les bois.

CHAPITRE II.

Pépinières.

Code civil, art. 590. — *Les arbres que l'on peut tirer*

d'une pépinière sans la dégrader ne font aussi partie de l'usufruit qu'à la charge par l'usufruitier de se conformer à l'usage des lieux pour le remplacement.

18. PÉPINIÈRES. — Il n'y a de règles que pour les arbres fruitiers qui sont pour l'usage de la propriété, et l'on n'enlève les sujets que lorsqu'ils ont 0ᵐ15 de circonférence à 1ᵐ du sol.

19. REMPLACEMENT. — L'usufruitier d'une pépinière est tenu d'en créer une nouvelle en remplacement de celle dont il a enlevé les sujets; et il n'en est dispensé qu'autant qu'il emploie les sujets à des plantations nouvelles et au remplacement d'anciens arbres sur la propriété.

CHAPITRE III.
Hautes Futaies.

Code civil, art. 591 — *L'usufruitier profite encore, toujours en se conformant aux époques et à l'usage des anciens propriétaires, des parties de bois de haute futaie qui ont été mises en coupes réglées.*

20. PRODUITS. — Les futaies ne sont pas aménagées dans les bois particuliers, et si l'usufruitier en abat pour faire des réparations à sa charge, cet abattage a lieu à coupe blanche dans les bois et dans les haies, et à coupe noire partout ailleurs.

CHAPITRE IV.
Échalas, Produits annuels et périodiques des Bois.

Code civil, art. 593. — *L'usufruitier peut prendre dans les bois des échalas pour les vignes; il peut aussi*

*prendre sur les arbres des produits annuels ou pério-
diques, le tout suivant l'usage du pays ou la coutume
du propriétaire.*

22. PRODUITS ANNUELS. — Dans le canton, indépen-
damment des fruits et des graines, on entend, par *produits
annuels*, l'élagage et le nettoyage des arbres fruitiers et
l'ébranchage des arbres forestiers.

23. PRODUITS PÉRIODIQUES. — On entend par là ceux
qui s'obtiennent à des époques déterminées, comme trois
ou six ans.

24. ARBUSTES. — Tous les arbres sont soumis à l'é-
branchage, sauf les arbres et arbustes d'agrément.

25. INTERVALLES. — S'il s'agit d'arbres forestiers épars
en avenues ou en massif, on doit laisser des intervalles
entre chaque émondage, à savoir 9 ans pour les bois durs,
6 pour les bois tendres, et 2 ou 3 ans pour les jeunes
plantations. Ces intervalles varient suivant les essences et
l'âge des arbres.

27. ÉPOQUES DES ÉMONDAGES. — Les émondages des
arbres situés dans les taillis se pratiquent en même temps
que les coupes : tous les 9 ans dans les bois, tous les 6 ans
dans les haies.

28. ÉBRANCHEMENTS. — On ne doit pas ébrancher
l'arbre en entier, sauf le têtard.

29. LA CIME. — Quand on émonde les arbres de haut
jet, on doit leur laisser une houpe ou une cime d'un tiers
de la hauteur totale de l'arbre pour les bois durs, d'un
quart ou d'un cinquième pour les bois tendres. L'époque
de ces sortes d'émondages est du 1er mars au 1er mai.

TITRE II.

DES SERVITUDES.

CHAPITRE I.

Irrigations.

Code civil, art. 644. — Celui dont la propriété borde une eau courante, autre que celle qui est déclarée dépendant du domaine public, peut s'en servir à son passage pour l'irrigation de ses propriétés. — Celui dont cette eau traverse l'héritage peut même en user dans l'intervalle qu'elle parcourt, mais à la charge de la rendre, à la sortie de son fonds, à son cours ordinaire. — Art. 645. — S'il s'élève une contestation entre les propriétaires auxquels ces eaux peuvent être utiles, les Tribunaux, en prononçant, doivent concilier les intérêts de l'agriculture avec le respect de la propriété, et, dans tous les cas, les règlements particuliers et locaux sur le cours et l'usage des eaux doivent être respectés.

31. COURS D'EAU. — Le canton ne possède aujourd'hui qu'un seul cours d'eau objet de réglements, c'est la rivière de Varennes qui a sa source à l'est de Saint-Martin-Osmonville, traverse le parc et se dirige vers l'ouest en baignant le hameau du Pont-du-Thil, le bourg de Saint-Saens, les hameaux de Saint-Martinet, Roville & Vaudichon, pour entrer sur le territoire de Rosay, canton de Bellencombre. L'irrigation est régie par des règlements préfectoraux.

CHAPITRE II.

Clôtures.

Code civil, art. 663. — *La hauteur de la clôture (dans les villes et fauxbourgs) sera fixée suivant les règlements particuliers et les usages constants et reconnus; et, à défaut d'usages et de règlements, tout mur de séparation entre voisins, qui sera construit ou rétabli à l'avenir, doit avoir au moins $3^m 20$ de hauteur, compris le chaperon, dans les villes de 50 mille âmes et au-dessus, et $2^m 60$ dans les autres.*

34. Egout. — .... Le propriétaire qui se clôt par un mur n'est pas obligé de laisser une distance entre le pied de ce mur et la propriété du voisin, à moins que le mur ait un égoût du côté du voisin. — La distance est celle du larmier quand il existe.

36. Sa hauteur. — Il n'y a pas de règle pour la hauteur des murs dans quelque ville, bourg ou hameau que ce soit.

37. Haies. — L'art. 10 du règlement du 17 août 1751 veut que les haies vives soient plantées à $0^m 50$ du voisin, mais, d'après l'usage, la hauteur des haies pour herbages et enclos doit être de 2^m; pour les jardins et cours de $1^m 50$.

40. Epaisseur. — Aucun usage ne fixe l'épaisseur des haies vives.

41. L'Elagage & la Tonte se font 2 fois par an pour les haies séparant les cours ou jardins; la 1re fois en juin, la 2me en septembre ou octobre.

43. LES OSIERS, SAULES & AULNES doivent néanmoins se couper tous les 4 ans ; ces derniers usages sont généraux dans le canton.

45. HAIES SÈCHES. — Leur hauteur est de 2^m, celle des lisses ou barrages 1^m 33.

46. VOISINAGE & BARRAGE. — Le voisin de la propriété close par une haie doit garder ses bestiaux à vue ou bien la garantir de quelque manière que ce soit. L'usage n'indique rien de particulier, mais le plus souvent on place un barrage à 1^m 50 de la haie.

47. LES NŒUDS DES LIENS destinés à fixer les haies doivent être du côté du propriétaire de la haie.

48. CLÔTURE PAR BANQUE. — L'usage n'exige pas de distance entre un fonds voisin et une banque de fossé formant clôture. — C'est là une exception à l'art. 13 de l'arrêt du règlement du 17 août 1751 qui exige 0^m 50, et 0^m 66 si la terre voisine est en labour.

49. TALUS. — L'usage ne détermine aucune règle pour la largeur ou la profondeur des fossés, mais il exige une pente de 45 degrés pour le talus.

50. BANQUE, DISTANCE. — Lorsque le propriétaire de la banque fait un fossé qui la sépare du fonds voisin, la distance au-delà de l'orifice du fossé doit être de 0^m 50.

CHAPITRE III.

Plantations.

Code civil, art. 671. — *Il n'est permis de planter des arbres de haute-jet qu'à la distance prescrite par les règlements existants ou par les usages constants et reconnus ;*

*et, à défaut de règlement et d'usage, qu'à la distance
de 2ᵐ de la ligne séparative des deux héritages pour les
arbres à haute tige, et à la distance de 0ᵐ 50 pour les
autres arbres et haies vives.*

51. DISTANCES. — De même qu'aux termes des art. 5
et 6 du règlement du 17 août 1751, les pommiers, poiriers (et les autres arbres fruitiers sur des fossés) ne
doivent être plantés qu'à 2ᵐ 33 du fonds voisin, soit sur
des propriétés closes ou non, soit au long de terres de
labour, soit entre masures ou vergers, soit entre terrains
vagues, soit enfin sur des banques ou dans des haies.

53. ARBRES AQUATIQUES. — Pour ces plantations, il
n'y a aucune distance à observer, qu'il y ait ou non des
fossés de séparation.

54. CHEMINS PUBLICS. — Les distances prescrites par
les règlements ou par l'usage pour les plantations doivent
être observées, même quand les propriétés sont séparées
par une voie publique ayant une largeur moindre que la
distance à garder.

CHAPITRE IV.

Constructions susceptibles de nuire
au voisin.

1ʳᵉ SECTION. — Puits, Fosses d'aisance ; et, par analogie,
Citernes, Caves, Mares, Cloaques, Fosses à fumier.

*Code civil, art. 674. — Celui qui fait creuser un puits ou
une fosse d'aisance près d'un mur mitoyen ou non, —
celui qui veut y construire une cheminée ou âtre, forge,
four ou fourneau, — y adosser une étable — ou établir*

contre ce mur un magasin de sel ou autres matières cor-
rosives, est obligé de laisser la distance prescrite par les
règlements ou usages particuliers sur ces objets, ou à
faire les ouvrages prescrits par les règlements et usages
pour éviter de nuire au voisin.

55. CONTRE-MUR. — L'art. 613 de la coutume de Normandie exigeait un contre-mur de 1^m d'épaisseur en bas
et au-dessous du rez de terre et construit en pierre, chaux
et sable pour les citernes et les chambres aisées (fosses
d'aisances) près d'un mur mitoyen ou non ; l'usage sou-
met aux mêmes prescriptions pour une cave, une mare,
un cloaque ou une fosse à fumier.

56. MATÉRIAUX. — La construction en pierre, chaux
et sable n'est pas indispensable si l'on emploie d'autres
matériaux, pourvu que l'on évite toute la filtration et toute
atteinte à la solidité du mur de séparation.

57. DISTANCE. — L'usage général étant de faire un
autre mur, il n'y a pas de distance fixée entre les construc-
tions nuisibles ci-dessus et le fonds voisin, mais on doit
toujours éviter les infiltrations, quelle que soit la distance.

2me SECTION. — Cheminées, Atres, Forges, Fours,
Fourneaux.

58. PRÉCAUTIONS. — Pour la construction de l'âtre ou
du contre-mur d'une cheminée à un mur mitoyen ou non,
l'on est obligé de ne point nuire au voisin.

59. L'ÉPAISSEUR est fixée à $0^m 34$, la HAUTEUR à $1^m 50$.

60. LES TUYAUX DES CHEMINÉES doivent avoir au-dessus
des combles une hauteur de $0^m 80$ à 1^m.

61. *Id.* PRÈS DU VOISIN. — Si l'on construit ou reconstruit une cheminée dans une maison moins élevée que la maison voisine, on est obligé d'élever cette cheminée jusqu'au-dessus du comble de cette maison.

62. SURÉLÉVATION DES CHEMINÉES.—Celui qui surélève une maison à côté d'une autre maison dont la cheminée est plus basse, doit faire la surélévation de cette cheminée.

63. FORGES & FOURS. — Aux termes de l'art. 614 de la coutume de Normandie, celui qui veut faire des forge, four ou fourneau contre un mur mitoyen est obligé de laisser 0m 17 d'intervalle et de donner 0m 33 d'épaisseur au mur de la forge, four ou fourneau qui de plus doit être en pierre, brique ou moëllon. — Et le mur doit avoir cette dernière épaisseur jusqu'à 1m environ de hauteur à partir du foyer.

64. LE VIDE entre les deux murs ne peut être fermé.

65. L'ISOLEMENT n'est point prescrit par l'usage du canton.

3me SECTION. — Écuries, Matières corrosives.

66. CONTRE-MUR. — Quand on construit une étable ou une écurie contre un mur mitoyen ou non, on est obligé de faire un contre-mur en maçonnerie, dont la hauteur et l'épaisseur ne sont pas fixées.

68. MATIÈRES CORROSIVES. — L'usage ne prescrit pas de contre-mur.

CHAPITRE V.

Servitudes diverses.

70. TOUR D'ÉCHELLE. — Lorsqu'un propriétaire a le

tour d'échelle sur le fonds voisin, l'étendue du terrain en largeur dépend de l'inclinaison de la couverture lorsqu'elle est en paille ; et elle est proportionnée à la hauteur de la muraille pour donner assez de pied à l'échelle en la posant sur le larmier, lorsque les couvertures sont en tuiles ou en ardoises.

71. EGOUT DES TOITS. — Lorsqu'un propriétaire a droit d'égoût de son toit sur son voisin, d'après l'usage, la largeur du larmier sur le fonds voisin doit être de 0^m 50 au plus pour le chaume, et de 0^m 28 à 0^m 35 pour la tuile et l'ardoise, mais toujours selon la hauteur et la disposition du bâtiment.

COUTUME. — Du reste, d'après la coutume de Normandie, ni le tour d'échelle, ni le droit d'avoir un larmier sur le fonds voisin ne saurait exister sans titre ; car, un arrêt de règlement du Parlement, du 13 juillet 1742, s'exprime ainsi : « L'existence d'un larmier n'est pas un titre suffi-
» sant pour donner le fonds sur lequel il tombe à celui
» qui le possède, quelque long temps qu'il y ait que le
» chemin subsiste. C'est une servitude qui ne peut s'ac-
» quérir sans titre. »

72. FRUITS TOMBÉS. — L'on n'a pas le droit de ramasser ses propres fruits de ses arbres lorsqu'ils tombent sur le fonds voisin, que la propriété soit close ou non.

TITRE III.
DU CONTRAT DE LOUAGE.

CHAPITRE I.
Louage des choses.

1re SECTION. — Biens dans les villes et bourgs.

§ 1. — ÉPOQUES D'ENTRÉE EN JOUISSANCE.

73. EPOQUES. — L'entrée en jouissance, d'après l'usage et sans convention, a lieu à toute époque de l'année pour les logements ou chambres meublées. — A Pâques ou à Saint-Michel, s'il s'agit de maisons avec jardins, de jardins seuls plantés ou non. — A Pâques, Saint-Jean d'été, Saint-Michel et Noël, s'il s'agit de maisons.

§ 2. — DURÉE DES LOCATIONS VERBALES.

Code civil, art. 1757. — *Le bail des meubles fournis pour garnir une maison entière, un corps de logis, une boutique ou tous autres appartements, est censé fait pour la durée ordinaire des baux des maisons, corps-de-logis, boutiques ou appartements, selon l'usage des lieux.*

Art. 1758. — *Le bail d'un appartement meublé est censé fait à l'année, quand il a été fait à tant par an ; — au mois, quand il a été fait à tant par mois ; — au jour, s'il a été fait à tant par jour. — Si rien ne constate que le bail soit fait à tant par an, par mois ou par jour, la location est censée faite suivant l'usage des lieux.*

74. DURÉES GÉNÉRALES. — A défaut de convention,

l'usage du Canton fait durer pendant une année la location des objets désignés au n° 73.

75. NATURE DE LA LOCATION. — La durée est aussi déterminée par la nature de la location. — Quelquefois par le temps qui a été pris pour base de la fixation du loyer, comme par an, par mois ou par jour. Les locations, dont la durée est ainsi fixée, sont les logements et les chambres meublés. — Mais jamais les locations ne sont fixées dans leur durée par le chiffre du loyer.

§ 3. — TERME DE PAIEMENT DES LOYERS.

77. EPOQUES. — A l'exception des locations de moins d'un an, dont les loyers doivent être payés à l'expiration du temps qui a servi de base à la fixation du loyer, les époques ou termes des paiements des loyers, fixés par l'usage, à défaut de convention, est de 6 mois pour la location des objets compris au n° 73 ci-dessus.

78. LES EPOQUES DE PAIEMENT sont déterminées par la nature et la durée de la location, et non par son importance ou par son prix.

79. ANTICIPATION. — Aucun usage n'autorise des paiements par anticipation.

§ 4. — DÉLAIS POUR CONGÉS. — SORTIE DU LOCATAIRE.

Code civil, art. 1735. — *Si le bail est fait sans écrit, l'une des parties ne pourra donner congé à l'autre qu'en observant les délais fixés par l'usage des lieux.*

80. DURÉE. — Les délais pour donner congé des loca-

tions ci-dessus sont déterminés par la durée de la location.

81. Congés divers. — Pour toutes locations d'un an, le délai de congé est de 6 mois. — Pour les locations de moins d'un an, le délai de congé doit être d'un temps égal à la durée d'un terme, si la jouissance a duré plusieurs termes; mais, dans le premier terme de jouissance, le congé doit être donné un mois d'avance.

82. Délais francs. — Les délais pour congés doivent être francs et donnés la veille des 6 mois, ou du moins du terme restant à courir; mais sous la condition expresse, pour les loyers payables par semestre, que l'époque de sortie corresponde avec l'époque d'entrée.

83. Sorties. — Au jour fixé, le locataire rend à midi les lieux libres.

84. Fruits des Jardins. — Le locataire a droit de laisser ses récoltes du jardin jusqu'à maturité, lors de sa sortie en septembre.

85. Arbustes. — Le locataire peut enlever les plantes et arbustes d'agrément qu'il a plantés; les plantes sans délai, les arbustes jusqu'à la feuille tombante, sans qu'il soit ici question des biens de main-morte.

§ 5. — Tacite reconduction.

Code civil, 1738. — *Si, à l'expiration des Baux écrits, le preneur reste et est laissé en possession, il s'opère un nouveau bail dont l'effet est réglé par l'article relatif aux locations faites sans écrit. — Art. 1759. — Si le locataire d'une maison ou d'un appartement continue sa jouissance après l'expiration du bail par écrit sans opposition de la part du bailleur, il sera censé les occuper aux mêmes conditions, pour le terme fixé par l'usage des lieux, et ne pourra plus en sortir ou en être expulsé qu'après un congé donné dans le délai fixé par l'usage des lieux.*

86. LA TACITE RECONDUCTION s'opère contre le propriétaire le jour où la jouissance du locataire est continuée avec le consentement présumé du propriétaire, — et contre le locataire le lendemain du jour fixé pour sa sortie, si le jour même il n'a pas commencé son déménagement, offert de rendre les clefs au propriétaire, ou s'il a commencé à labourer ou ensemencer le jardin, le tout à moins de circonstances que les tribunaux apprécient.

§ 6. — RÉPARATIONS LOCATIVES.

Code civil, 1754. — Les réparations locatives ou de menu entretien dont le locataire est tenu, s'il n'y a clause contraire, sont celles désignées par l'usage des lieux, entre autres les réparations à faire : aux âtres, contre-cœurs, chambranles et tablettes des cheminées ; au recrépiment du bas des murailles des appartements et autres lieux d'habitation, à la hauteur d'un mètre ; — aux parois et carreaux des chambres, lorsqu'il y en a quelques-uns seulement de cassés ; — aux vitres, à moins qu'elles soient cassées par la grêle ou autres accidents extraordinaires et de force majeure dont le locataire ne peut être tenu ; — aux portes, croisées, planches de cloison ou de fermetures de boutiques, gonds, targettes et serrures.

88. LES RÉPARATIONS LOCATIVES dans les maisons et

autres lieux indiqués au n° 73 ne sont pas bien déterminées par l'usage, mais, suivant la nature des biens, on suit
le Code civil et les indications données dans l'ouvrage
intitulé : « *Lois des bâtiments ou le nouveau Desgodets,
par Lepage.* »

89. Délai. — Le locataire n'en a point pour faire les
réparations locatives qui doivent être faites avant ou immédiatement après la sortie.

90. Réclamations du propriétaire. — Le locataire
est complétement déchargé de les faire, si le propriétaire
n'a pas réclamé ces réparations dans un délai de trois
mois, parce qu'il est d'usage que ce dernier en donne
décharge au locataire dans la dernière quittance, et celle-
ci en tient même lieu quand le propriétaire n'a pas fait de
réserve.

2me Section. — Moulins, Usines, Fabriques, Établissements et Ateliers industriels.

91. Mode de location. — Les établissements industriels se louent par bail écrit et à prix d'argent ; les moulins à tan se louent aussi verbalement. (Il en existe à
Saint-Saens soumis à d'anciens traités ressortissant aux
articles 1841 à 1861 du Code civil.)

92. Sortes d'établissements. — Les seuls établissements industriels et ateliers du canton susceptibles de
location sont seulement : les moulins à blé & à tan, les
filatures, les tanneries, les brasseries, les fours à chaux
ou à briques, une scierie mécanique.

93. Prisée. — Toute location se fait sans prisée.

96. Durée. — A défaut de convention, l'usage fait durer une année la location de tout genre d'établissement ; sauf pour les tanneries dont la durée est de 3 ans.

97. Entrée. — L'usage de l'entrée en jouissance pour la plupart des établissements est Pâques, la Saint-Jean, Saint-Michel & Noël ; car, pour les fours à chaux et à briques, c'est seulement à Pâques & à Noël.

98. Termes. — Les termes ou époques de paiement ont lieu chaque semestre.

99. Avances. — Les paiements d'avance sont hors d'usage.

101. Obligations du preneur. — Elles varient selon chaque nature d'établissements au point de vue de l'entretien, des réparations et du remplacement, à savoir :

1º *Brasseries*. — Pas d'usage connu ; les gros ustensiles, pompes, cuves, réservoirs, chaudières, aires de sécheries, sont entretenus par le propriétaire.

2º *Briqueteries*. — Réparations des arches et parois des fours ; entretien et réparation du chemin marin, de l'aire ou sécherie ; l'obligation de tenir le terrain de l'extraction uni et droit. (Le chemin marin ou draille est celui qui conduit à l'établissement.)

3º *Filatures*. — Tout le mécanisme et tout le matériel sont la propriété des locataires qui ne tiennent en location que les bâtiments et la cage de l'établissement.

4º *Fours à chaux*. — Pas d'entretien à la charge du locataire ; mais il se fournit de mannes, corbeilles, brouettes et autres ustensiles nécessaires à l'exploitation du four. Obligation par le locataire, quand l'extraction se fait à ciel ouvert, de tenir le terrain uni et droit; et lorsque les carrières sont ouvertes sous terre, obligation de les tenir fermées et de se conformer aux lois et règlements sur les carrières.

5° *Moulins à blé.*—Entretien et réparation de l'aubage des roues, entretien et remplacement à neuf des dentures en bois, des rouets et lanternes, des cuirasses, des bluteaux et des couvertures des bluteries tournantes ; des pointes de grand fer soit fixe, soit mobile, des pipes, des pivots de pointal, le rempiochage des arbres tournants ; l'entretien des coussinets ou fontaines, non compris le tourillon qui reste à la charge du propriétaire ; l'entretien des marteaux à rhabiller, des corbeilles et vannettes, des balances et chaînes ou cordes qui les supportent et du fléau ; l'entretien également de la robe de nettoyage.

6° *Moulins à tan.* —Fournir la chandelle, la graisse pour la roue et les pilons ; aujourd'hui ces usages sont disparus. Le propriétaire est chargé de tout entretien et des réparations.

7° *Tanneries.* — L'entretien et le remplacement des fosses, cuves, fosses-aigres, sont à la charge du propriétaire, sauf la réparation locative.

102. Cours d'eau. — Le locataire, d'après l'usage, en ce qui concerne les rivières, cours d'eau, vannages, canaux, barrages se rattachant à la location des usines, est tenu du curage et du faucardement jusqu'à l'extrémité du remous, et des menues réparations de vannages comprenant des planches à replacer et à rattacher. Le tout sauf

les obligations autres édictées par les réglements adminis-
tratifs, de l'exécution desquels sont chargés les syndicats.

103. Dispense. — Le locataire n'est pas tenu de l'entretien ou du remplacement des objets dégradés ou détruits par vétusté, usage ou force majeure ; à moins qu'il y ait de sa faute.

104. Délais. — L'usage n'accorde pas de délais pour les réparations.

105. — Il n'y a pas de délai fixé pour être affranchi de ces réparations. Dans le cas du silence du propriétaire, c'est au Tribunal à apprécier.

106. Délais de congé. — Ils sont de six mois pour tous les établissements industriels sans autre exception que pour les tanneries, où le délai est d'un an.

108. Sorties. — Le locataire sortant doit vider les lieux le jour dit à midi.

109. Tanneries (id.). — Le sortant doit déménager complètement, sauf les tanneurs qui ont délai pour sécher les cuirs et vider les fosses pendant un an.

110. Entrées & Sorties. — Le locataire entrant ne peut commencer son emménagement avant le jour fixé pour son entrée en jouissance. Néanmoins le tanneur, dans l'année de sortie, doit livrer les fosses au fur et mesure qu'il les vide.

111. Tacite reconduction. — Pour les usines et établissements industriels, elle s'opère dès le lendemain de l'expiration du bail, à moins de circonstances appré-ciables.

112. Granges a écorces. — La tacite reconduction

s'établit pour un an par l'occupation des granges à écorces faisant partie des tanneries, par l'engrangement des écorces nouvelles destinées à être employées après l'expiration du bail.

3me SECTION. — Biens ruraux.

§ 1. — DURÉE DES LOCATIONS SANS ÉCRIT.

113. — L'usage, à défaut de conventions, admet pour :

1° *Corps de ferme* avec terres arables,
2° *Terres* sans bâtiments, dites *écalées*, soumises à l'assolement, } 3 ans.

3° *Bois-taillis* seuls, sans autre aménagement, 9 ans.

4° *Corps de ferme* sans terres.
5° *Masures* ou *vergers* seuls, *prairies* ou *herbages* seuls.
6° *Maisons seules* avec ou sans jardins, avec masures ou vergers,
7° *Jardin seul* pour usage personnel,
8° Jardins pour *maraîchers, fleuristes, pépiniéristes,*
9° *Bâtiments* seuls ou partie de bâtiments, *granges, écuries, remises, greniers.* } 1 an.

§ 2. — EPOQUES D'ENTRÉE EN JOUISSANCE.

114. MAISONS avec jardins, MASURES avec ou sans vergers, JARDINS seuls, } Mi-Mars.

VERGERS, PRAIRIES, HERBAGES, CORPS DE FERME, } Saint-Michel.

Terres écalées, à la Saint-Michel.

Granges a écorces, à la Saint-Jean d'été.

Maisons seules, au 29 mars, à la Saint-Jean, à la Saint-Michel, à Noël.

Batiments seuls ou en partie, à toute époque.

§ 3. — Epoques de paiement des fermages.

115. Termes. — Le paiement pour toute location d'un an est exigible 6 mois après l'entrée en jouissance.

116. — Il n'est pas d'usage dans le canton : 1o que les fermages se paient *d'avance* ; — 2o qu'il y ait de locations à *longs termes* ; — 3o que le dernier *terme du fermage* soit payé *avant l'expiration* du bail, sauf pour les *écalées*, où l'on paie l'année de sortie dès la Saint-Jean. —

§ 4. — Délais a observer pour les congés.

Code civil, 1736. — *Si le bail a été fait sans écrit, l'une des parties ne pourra donner congé à l'autre qu'en observant les délais fixés* par l'usage des lieux.

119. Les délais pour donner congé des locations des biens ruraux sont déterminés ainsi :

Corps de ferme avec terres, et terres écalées, un an d'avance.

Id. sans terre, maisons avec ou sans jardins,

Les masures et les jardins, bâtiments en tout ou partie,
} 6 mois.

Vergers, herbages, prairies, bois-taillis, jardins seuls, } Pas de congé ; l'art. 1775 du C.civ. sert de règle.

§ 5. — TACITE RECONDUCTION.

Code civil, 1776. — Si, à l'expiration de baux ruraux écrits, le preneur reste et est laissé en possession, il s'opère un nouveau bail dont l'effet est réglé par l'article 1774 du Code civil.

121. — Même règle que pour l'art. 86 ci-dessus.

122. TERRES ARABLES. — Le fait de tacite reconduction diffère s'il s'agit de terres arables, à savoir : lorsqu'il y a jouissance totale ou partielle avec le consentement présumé du propriétaire ; lorsque les labours ont été faits et que l'emblavement ou la sole de l'année suivante est joint aux labours faits dans la dernière année.

§ 6. — ENTRETIEN ET RÉPARATIONS. — OBLIGATIONS DU FERMIER.

124. AIRES. — Outre les réparations locatives et d'entretien mentionnées aux articles 88 & 89, le fermier est obligé d'entretenir et réparer les aires de tous les bâtiments de service et d'exploitation, même dans les greniers.

125. Les MURAILLES des bâtiments doivent être réparées jusqu'à la hauteur d'un mètre.

126. VACHERIES. — Leurs murailles doivent être réparées jusqu'à la hauteur de 1ᵐ 66 au-dessus des aires.

127. GRANGES. — Les planchers des granges et greniers sont à la charge du propriétaire.

128. RATELIERS. — Le fermier est tenu seulement, hors le cas de vétusté, à la réparation des râteliers, mangeoires, porte-harnais, lit et autres ustensiles des écuries.

129. Écuries (murs des). — Il est tenu à l'entretien et à la réparation de l'aire des écuries, qu'elle soit pavée en briques ou en cailloux, et à la réparation des murs intérieurs jusqu'à la hauteur de 2^m de face et des côtés seulement, et de 1^m ailleurs.

130. Pressoir. — Le fermier est tenu à l'entretien des cuves et pourtour du manége ; de plus de donner la boisson aux ouvriers que le propriétaire emploie pour les réparations du mécanisme et des ustensiles du pressoir.

131. Four. — L'aire du four et du bâtiment qui l'enferme, ainsi que la chape extérieure, sont à la charge du locataire. La voûte et les parois sont à la charge du propriétaire, mais, s'il livre les ustensiles pour le four, bien qu'il n'y soit pas forcé, alors le fermier en doit l'entretien et la réparation.

132. Batiments. — Le fermier n'est tenu de l'entretien ni de la réparation d'aucun bâtiment, ni de couvertures en paille, ardoise, tuile ou zinc.

138. Toits de paille. — Mais quand le bail oblige le fermier à l'entretien des couvertures en paille, les bottes ou gluis doivent avoir une circonférence de 1^m 50.

139. — Quantité de gluis. — Pour être convenable, chaque mètre de couverture doit être de 2 gluis.

140. Épaisseur. — Elle est convenable en paille de 0^m 28 à 0^m 30.

141. Accessoires. — Quand le fermier doit les réparations ou renouvellements, il est tenu de fournir les accessoires nécessaires à la couverture, comme clous, lattes ou gaulettes, ronces, etc., etc.

142. Réparations obligées. — Le fermier est tenu seulement des réparations des barrières et palis, échelles à couvrir, marches des montées servant d'accès aux greniers, enfin des perchoirs, ainsi qu'à l'entretien des chenallières.

143. Clôtures. — Quant à celles-ci, le fermier est obligé de réparer les murs jusqu'à hauteur d'un mètre ; — de remplacer les barrages en bois et en fil de fer quand ils manquent du fait d'accidents causés par le fermier, sa famille ou ses gens ; — de tenir les haies sèches complètement closes ; — d'avoir la même obligation à l'égard des jeunes haies vives, pourvu qu'elles soient élevées.

144. Mauvaises plantes. — Il est tenu d'arracher annuellement les mauvaises plantes telles que chardons, orties, ronces, etc., etc., dans les masures, herbages ou prairies.

145. Arbres. — Il doit rattacher tous les ans aux treillages les arbres des espaliers et les autres arbres à fruits des jardins ; — tous les trois ans, il est tenu de l'élagage des pommiers et autres arbres fruitiers dans les masures et herbages, et de faire enlever le gui tous les ans.

146. Serfouir. — Il n'est point tenu de serfouir les arbres, mais il est obligé à la destruction des gourmands.

147. Remplacements d'arbres. — Il n'est obligé de remplacer les pommiers, poiriers et autres arbres à fruits que lorsqu'ils viennent à périr et quand il profite de ces arbres.

148. ENTES. — Le fermier n'est tenu d'armer que les entes qu'il plante.

149. CHEMINS. — Il est tenu de réparer les chemins et chaussées dépendant de la ferme.

150. RIGOLES, VANNAGES. — Il est tenu à l'entretien des rigoles et canaux et aux petites réparations des vannages servant à l'irrigation.

151. TERMES DES RÉPARATIONS. — Toutes doivent être terminées pour le jour où cesse la jouissance. Passé la sortie, les réparations sont exigibles en argent de la part du propriétaire pendant un an.

152. OUVRIERS DU PROPRIÉTAIRE. — L'usage oblige le fermier à fournir la boisson aux ouvriers que le propriétaire emploie sur la ferme.

153. FAISANCES, CHARROIS. — Toute fourniture ou faisance que doit le fermier à son bailleur annuellement demeure exigible jusqu'à la fin du bail, sauf pour les charrois.

154. — GRATIFICATIONS. — Le bailleur qui fait faire des charrois n'est pas tenu à donner une gratification au charretier, mais il est d'usage qu'il lui donne un pourboire selon sa générosité.

§ 7. — ASSOLEMENT DES TERRES. — OBLIGATIONS DE CULTURE.

155. ASSOLEMENT. — Dans le canton, il est triennal par soles ; la 1re en froment et seigle ; la 2e en avoines et orges ; la 3e, dite jachères, en ronds grains, verdures, pommes de terre, sous la dénomination de Sole de Mars.

Néanmoins l'usage tend à s'établir de distraire un quart ou un cinquième des terres pour les convertir en prairies artificielles.

156. Répartition. — Il doit y avoir répartition égale entre chaque sole, c'est-à-dire le tiers, sauf l'observation faite au n° 155.

157. Luzernes. — Des terres sont retirées de l'assolement pour les charger de luzernes et de sainfoin, qui se récoltent pendant plusieurs années consécutives.

158. L'assolement triennal est général pour toutes terres, toutes fermes, même les terres écalées. Il y a tendance à l'assolement quatriennal.

161. Ordre des soles, Composts. — Les composts se versent sur la sole qui a produit les ronds grains et verdures ; puis, vient l'année suivante la sole des blés, à laquelle succède celle des avoines et orges pour faire place aux jachères.

164. Proportions pour fermes de 10 hectares *à la sole* :

		Ferme ordinaire.		Ferme à troupeaux.	
1re Sole.	Froment,	9ʰ 50	10ʰ	9ʰ 50	10ʰ
	Seigle,	0 50		0 50	
2e Sole.	Avoines,	9ʰ 50	10ʰ	9ʰ 50	10ʰ
	Orges,	0 50		0 50	
3e Sole.	Trèfles,	5ʰ 00	10ʰ	5ʰ 00	10ʰ
	Minette,	1 66		2 50	
	Ronds grains.	1 66		2 50	
	Jachères mortes,	1 68		0 00	

165. Jachères. — Le fermier peut conserver 1/9e en jachères pures et consacrer 8/9e en verdures, ronds grains et pommes de terre.

166. La PAILLE et le fumier appartiennent à la terre.

167. In. pour les écalées; il peut en disposer, pourvu qu'il fasse la sole de blé, car, louées avec adjonction d'une ferme, elles ont droit aux fumiers de celle-ci, à la condition que leurs récoltes soient consommées sur cette ferme.

169. LES FUMIERS n'appartiennent qu'à la sole qui va recevoir le blé.

170. Et l'on ne peut en distraire aucune partie de la sole à laquelle ils appartiennent.

171. EPOQUES DES FUMURES. — D'après l'usage, on doit transporter les fumiers sur les terres labourables dans la proportion de un tiers pour les ronds grains et racines de printemps; le reste en juillet, août et septembre.

172. FUMURE DES PRÉS. — Une fois la sole de blé couverte, l'usage oblige le fermier à épandre ses engrais sur les prés fauchables.

173. ARBRES A FRUITS. — Rien n'oblige le fermier à fumer le pied des arbres à fruits des masures, jardins, vergers, herbages ou autres terres arables.

174. BÉTAIL. — Le fermier est obligé d'avoir une tête de gros bétail par hectare d'herbage ou par deux hectares de terre.

175. MOUTONS. — On entend par gros bétail les vaches et les chevaux, mais six moutons comptent pour une vache.

176. NOMBRE DES MOUTONS. — L'usage n'oblige le fermier à avoir un troupeau que sur une ferme de 60 hec-

tares en raison de la tendance actuelle des propriétaires à augmenter l'étendue des herbages.

177. — Le PARCAGE DES VACHES est obligatoire dans les herbages du 15 mai au 1er novembre.

178. — Le PARCAGE DES MOUTONS est obligatoire sur les terres à labour du 15 mai au 1er novembre.

179. LABOURS. — L'ensemencement du blé sur jachères pures exige au moins trois labours et souvent quatre aux époques qui suivent :

1° *Le retournage* avant janvier ;

2° *Le retail* avant la fin de mai ;

3° *Le binage* en juin et juillet ;

4° *Le labour à blé* en septembre & octobre.

180. APRÈS JACHÈRES. — Sur le trèfle, un seul labour est obligatoire ; sur les ronds grains et la minette, il en faut au moins deux.

181. Le HERSAGE est exigé sur tout labour.

182. LABOUR DES MARS. — Pour les ronds grains, il faut deux labours ; pour les avoines et orges, deux et même trois labours.

§ 8. — RAPPORTS ENTRE LES FERMIERS ENTRANT ET SORTANT. — DEVOIRS ET DROITS OBLIGATOIRES DE L'UN ET DE L'AUTRE.

Code civil, 1777. — *Le fermier sortant doit laisser à celui qui lui succède dans la culture les logements convenables et les autres facilités pour les travaux de l'année suivante, et réciproquement le fermier entrant doit procurer à celui qui sort les logements convenables* *et autres facilités pour la consommation des fourrages et pour les récoltes restant à faire. — Dans l'un et l'autre cas, on doit se conformer à l'usage des lieux.*

ARTICLE 1. — Devoirs du fermier sortant.

183. Jachères. — Le fermier sortant doit laisser $1/9^e$ de jachères pures, et il y est obligé, quelle que soit l'importance de la ferme, qu'il y ait troupeau ou non.

185. Jachères, Composition. — Le fermier sortant doit laisser $1/3$ de son exploitation en jachères, dont $8/9^e$ dépouillés des verdures, ronds grains, pommes de terre et légumes secs ; il peut y laisser $1/10^e$ de trèfle incarnat, compris dans ces $8/9^e$. Le $1/9^e$ restant doit être en jachères pures.

188. Trèfle incarnat. — Il est considéré comme jachère, soit étant coupé et récolté, soit étant pâturé, coupé en vert et consommé sur place, pourvu qu'il soit sur la sole qui doit prendre le blé.

189. Fumiers. — Le fermier qui, dans sa dernière année de jouissance, a fumé les terres qu'il a chargées en blé, ne peut disposer que d'un tiers au plus de ce qui reste et seulement pour faire des ronds grains.

190. Leur distribution. — Le fermier qui, dans sa dernière année de jouissance entière ou en partie, peut disposer des fumiers, doit les porter exclusivement sur les terres destinées à être chargées en blé l'année suivante ; il peut en porter aussi sur des terres qu'il doit charger dans sa dernière année de jouissance, par exemple, sur celles à charger de colza, lin, pois, vesce, pommes de terre, puisqu'à cette sole doivent succéder les blés. Mais il ne peut disposer de ces fumiers que dans la limite posée au n° 189.

192. Troupeau. — Le fermier sortant ne peut retirer son troupeau ni le vendre avant l'expiration de son bail, quand même ce troupeau ne se composerait que d'agneaux.

193. Parcage. — Le fermier sortant est tenu de faire parquer ses terres jusqu'à l'expiration du bail, c'est-à-dire jusqu'au 1er novembre, si le bail expire en mars, sinon jusqu'à la Saint-Michel.

195 (197). — Il ne doit faire parquer que les terres destinées au blé, sans désignation du fermier entrant.

196 (198). Nombre de têtes. — On évalue à cent têtes par 50 hectares le nombre de moutons que le fermier sortant est tenu de faire parquer dans sa dernière année.

197 (199-200). Parc. — Dans la même période, il fournit parc et cabane.

198 (201). Changement de parc. — Il doit avoir lieu deux fois le jour : de 4 heures à 5 heures du matin, et vers midi.

199 (202). — Le Souper du berger et du chien est à la charge du fermier sortant.

200 (207). Labours. — Quand la jouissance cesse le 29 septembre, le fermier sortant doit faire retourner et retailler la jachère pure pour parquer. Il doit faire ces labours en décembre et en mai, et herser au plus tôt, si le temps le permet, après le tour de charrue.

201 (210). Trèfle incarnat. — La dernière année,

le fermier sortant ne peut faire plus d'un dixième de la sole en trèfle incarnat.

202 (225). SEMIS. — Le fermier sortant est obligé d'avertir son successeur du jour où son dernier tour de herse sera donné à son ensemencement d'avoine, afin que celui-ci puisse y venir faire ses semis permis, sans que l'usage fixe un délai pour l'avertissement.

203 (226). HERSAGE. — Le fermier sortant est tenu de herser et rouler les semis ainsi faits par son successeur, pourvu que ce dernier ait procédé à cette opération aux jour et heure indiqués par le fermier sortant. Et le fermier entrant n'aura plus que la faculté de semer sans droit de recouvrir.

204 (247). LITIÈRE. — Le fermier sortant doit pour litière une botte de paille par cheval et par jour aux animaux que son successeur amène pour les travaux préparatoires.

ARTICLE 2. — DROITS DU FERMIER SORTANT.

205 (211). TRÈFLES. — Il a droit, dans sa dernière année, à deux récoltes de trèfle.

206 (215). GRAINES DE TRÈFLE. — Et à un dixième de trèfle ordinaire pour en avoir la graine.

207 (212-214). TRÈFLE A PATURER. — Quand le fermier sortant n'a pas de troupeau, il peut faucher ses deux récoltes de trèfle; mais, s'il en a un, il peut faucher la première et il doit faire pâturer la seconde.

208 (230). TRÈFLE INCARNAT. — Le fermier sortant peut, à sa volonté, faire pâturer son trèfle incarnat à la dernière année de jouissance, ou le couper en vert pour nourrir à l'étable et en conserver la graine jusqu'à concurrence d'un dixième.

209 (218). PATURAGE. — Le fermier sortant peut laisser pâturer, à savoir :

Jusqu'à Noël, dans les masures, herbages et prairies ;

Jusqu'au 15 novembre, sur les terres de labour, si le bail finit en mars ;

Jusqu'au 15 juillet, pour les trèfles, si le bail finit en septembre ;

Pour les minettes, quelle que soit l'époque de sortie.

210 (227). SEMIS A PATURER. — Le fermier sortant peut faire pâturer les semis de son successeur, mais avec beaucoup de ménagement et en bon temps.

211 (228). LE BLÉ MANQUANT. — Dans la dernière année de jouissance, le fermier sortant peut ensemencer des ronds grains ou des blés d'avril, et, dans ce cas, il fait à sa volonté le labour et le hersage.

212 (229). LE TRÈFLE MANQUANT. — Dans la dernière année, le fermier sortant peut le labourer, et y semer des ronds grains et autres graines fourragères qu'il aura droit de récolter.

213 (230-231). LE TRÈFLE INCARNAT MANQUANT. — Le fermier sortant a le droit d'y faire des ronds grains, s'il était sur jachères, ou d'y mettre des avoines ou orges, s'il était sur la sole d'avoines ; dans les deux cas, il les récolte à maturité.

214 (232). CHEVAUX INUTILES. — Sauf le privilége du propriétaire, le fermier sortant a le droit de vendre ceux

de ses chevaux qui lui sont inutiles (Code civil, 2102).

215. Les Bûchers & Charreteries sont, jusqu'à l'expiration du bail, la jouissance exclusive du fermier sortant.

216. (249). Jouissances prolongées. — En sortant, il ne cesse pas toute jouissance et toute exploitation ; il a droit de faire certaines récoltes, en profitant de certains bâtiments et autres droits.

217 (250). Id. — Après la Saint-Michel, il a droit à la récolte des fruits, à la seconde coupe des trèfles et prairies artificielles.

218 (251). Délai de jouissance. — Il a pour récolter délai jusqu'à maturité.

219 (252). Pressoir, Cellier. — Il a droit de piler les pommes, de mettre le cidre en fûts, et de le laisser au cellier jusqu'à la Saint-Jean suivante (24 juin), où il est tenu de l'enlever.

220 (253). Ramassage. — Il a droit de recueillir les fruits tombés la nuit et de récolter jusqu'à 6 heures du soir. La paille de van lui appartient.

221 (257). Logement. — Le fermier sortant au 15 mars conserve, jusqu'à la Saint-Jean d'été, quelques parties de bâtiments ; en sortant à la Saint-Michel, il a droit à la chambre ou au four qu'il avait livré à son prédécesseur ; aux greniers, pour les grains battus ; au pressoir et cellier, pour les cidres ; à rien, pour les bestiaux.

222 (258-259). Autres droits. — Jusqu'à la Saint-Jean (24 juin), il a droit à ces bâtiments : au four à cuire,

à la buanderie pour la lessive, aux mares, puits et citernes.

223 (260). La Clef des portes extérieures de la masure doit lui être conservée.

224 (261). Meules. — Jusqu'à la Saint-Jean, le fermier sortant conserve ses meules sur les terres d'où provenait la récolte ; néanmoins, il doit enlever celles faites sur les terres que le fermier entrant veut emblaver en mars.

ARTICLE 3. — Devoirs du fermier entrant.

225 (205). Labours. — Le fermier qui entre au 15 mars doit labourer toutes les terres destinées à être dépouillées dans sa première année de jouissance, à savoir : 16 mois avant son entrée les jachères pures, et les autres terres au fur et à mesure que son prédécesseur les dépouille des récoltes qu'il a faites pour sa dernière année de jouissance. Toutefois dans les terres à troupeaux, il ne peut installer le parc qu'après avoir préalablement retourné la terre destinée à le recevoir.

226 (207). Hersage. — Il ne peut ni herser, ni rouler les semis qu'il a faits dans les blés. Si étant préalablement averti, il ne se présente pas pour semer ses petites graines aussitôt que le sortant a donné ses dernières préparations aux avoines, il n'aura plus alors que le droit de les semer purement et simplement, sans pouvoir même les recouvrir.

227 (224). Proportion des semis. — Il ne peut faire qu'un dixième de la sole en minette et un vingtième en trèfle incarnat.

228 (195). Parcage. — Il n'a pas le droit de désigner

au fermier sortant les terres que celui-ci doit faire parquer.

229 (203). Troupeau. — Il n'a pas le droit d'amener son troupeau sur la ferme avant le jour de l'entrée en jouissance.

230 (254). Bestiaux. — Il doit tenir ses bestiaux au parc de 8 heures du soir à 7 heures du matin avant l'entrée en jouissance. Il doit s'abstenir de les mettre la nuit là où il y a des fruits, mais il n'est tenu à aucunes précautions pour empêcher ses bestiaux d'atteindre aux branches des arbres.

231 (244). Charreteries. — Il n'a droit ni aux charreteries ni au bûcher.

ARTICLE 4. — Droits du fermier entrant.

232 (204). Labours. — Le fermier entrant a droit de faire des labours avant son entrée en jouissance (voir nos 225, 226).

233 (206). Labours. — Avant d'entrer au 15 mars, il a le droit de labourer toutes les terres suivant l'ordre des soles, à partir du mois de décembre dans les fermes à troupeaux, et à partir du 15 novembre dans les autres.

234 (208). — S'il entre au 29 septembre, il a droit de labourer :

— Les jachères franches, après le parcage, en juin ou juillet ;

— Les jachères de trèfle incarnat et les colzas, quinze jours après leur récolte ;

— Les minettes, huit jours après la coupe ou au 15 juillet, après qu'elles sont pâturées ;

— Les terres chargées en pois, vesce, lin ou seigle, huit jours après la récolte, mais non les pâtis de trèfle ordinaire.

235 (210). Petits labours.— Il a droit, aux époques fixées au n° 208, de labourer la portion nécessaire du seigle ou du trèfle incarnat, quelquefois du bléris, plus souvent de la terre auparavant chargée de pois pour faire du seigle, ou du seigleris pour faire du trèfle incarnat, et cela sans la désignation du fermier sortant. Il doit prendre pour ces travaux le dixième de la sole.

236 (219). Semis d'artificiels. — Le fermier entrant a le droit, avant sa jouissance, de semer des trèfles, minettes et autres graines de prés artificiels dans les terres du fermier sortant, sous la condition imposée au n° 226.

237 (220). Semis de trèfles. — Il peut semer ses trèfles quelquefois dans les blés, le plus souvent dans la moitié de la sole d'avoine, mais non dans les terres non chargées.

238 (221). Epoques des semis. — Il ne peut les faire que dans la moitié de la sole, en mars dans les blés, en mai dans les avoines.

239 (233). Logement. — Quand le fermier entrant a une culture préparatoire à faire avant l'entrée en jouissance, il a droit à des parties de logement pour lui, ses domestiques et ses bestiaux.

240 (234). Chambre. — Il a droit à une chambre à feu ; souvent le four lui est livré.

241 (235). Fours. — Quand le four lui est livré

comme logement, lui et le fermier sortant ont droit d'y cuire chacun leur pain.

242 (236-242). Époque du logement. — Le droit au logement provisoire pour le fermier entrant s'ouvre au moment où commencent ses premiers ensemencements ou ses labours, soit que l'entrée en jouissance soit fixée en mars ou en septembre.

243 (237). Écuries. — Il a droit au logement d'un nombre limité de chevaux nécessaires à sa culture préparatoire, eu égard à l'étendue des terres à cultiver.

244 (238). Écuries. — Il a droit à une écurie ou à une partie de l'écurie principale s'il n'y en a pas d'autre, ou à un bâtiment équivalent.

245 (239). Époques. — Le logement des chevaux doit être délivré au moment où le fermier entrant commence ses travaux avant l'entrée en jouissance.

246 (240). Nourriture. — Le fermier entrant a le droit, avant sa jouissance, d'apporter sur la ferme, pour la nourriture des personnes qu'il emploie et des animaux qu'il amène, des grains, pailles et fourrages en proportion avec leurs besoins.

247 (241). Greniers. — Il a droit aux granges et greniers suffisant pour recevoir les fourrages nécessaires à la nourriture des chevaux. Et dans le cas où le fermier entrant a droit de faire des ronds grains, il doit lui être accordé l'étendue de greniers nécessaire pour les emmagasiner.

248 (243). Cellier. — Il a droit à une partie du cellier ou à l'équivalent dans la proportion des personnes

employées aux travaux préparatoires , dès que ceux-ci commencent.

249 (245). PRESSOIR. — Il a droit au pressoir pour y faire tout son cidre, depuis la maturité du fruit jusqu'à la fin du pilage. Mais il doit alterner avec le fermier sortant, de manière à ce que chacun d'eux fasse tour à tour une assise.

250 (246). LES EAUX. — Il a droit aux mares, puits et citernes.

251 (247). LITIÈRE. — Il a droit à la paille de la ferme, sur le pied d'une botte par cheval et par jour, à moins que le fermier sortant n'en ait pas pour lui-même ; et il n'a droit à rien autre qu'à ce qui est dit dans ce qui précède.

§ 9. — JARDINS.

255. JARDINS. — Les locataires de jardins peuvent laisser les légumes jusqu'à maturité seulement ; mais ils doivent enlever, sans délai, les fleurs et plantes vivaces ; et, à la feuille tombante, les arbustes, pépins et semis.

256. SORTIE. — En sortant à la Saint-Michel, le jardinier a, pour faire sa seconde récolte, délai jusqu'à la maturité ; et il a toujours ce droit.

CHAPITRE II.
Louage des Personnes.

SECTION Iʳᵉ. — *Domestiques attachés à la personne.*

262. LESQUELS sont les cuisiniers et cuisinières, les valets et femmes de chambre, les cochers, laquais, palefreniers, concierges, jardiniers et autres domestiques faisant le service pour l'intérieur de la maison du maître.

263. L'Engagement se forme verbalement avec ou sans arrhes.

264. Arrhes. — Leur remise rend l'engagement réciproquement irrévocable.

265. Arrhes acquises. — Elles le sont par le seul fait de l'entrée du domestique.

266. Mode de louage. — Le domestique se loue à l'an ou au mois.

267. Les Gages. — Les gages sont fixés à tant par an ou par mois.

268. Période d'engagement. — La fixation des gages à l'an ou au mois fait considérer l'engagement comme fait pour un an ou un mois.

269. Époques d'entrée. — La Saint-Jean, Saint-Martin d'été et d'hiver sont en général, à la ville et à la campagne, les époques d'engagement pour les domestiques attachés à la personne ou à la culture.

270. Paiements. — Ils sont trimestriels pour les engagements d'un an.

271. Rupture. — Il n'y en a point avant l'expiration de l'engagement. En cas de motifs graves, les tribunaux apprécient.

272. Congés. — Si l'on est d'accord pour rompre l'engagement, on ne le peut sans convenir réciproquement du délai de congé.

273. — Rupture pour motifs graves. — Dans ce cas, le congé n'est plus obligatoire.

274. Indemnité. — L'engagement étant rompu pour motifs graves, et le domestique cessant aussitôt le service, il y a lieu d'une part ou de l'autre soit à une indemnité, en raison du dommage éprouvé, soit à une retenue sur les gages.

275. Délais pour congé. — Quand il y a lieu de donner congé, ce doit être huit jours d'avance au moins ou pour l'époque où finit le mois.

276. Congés dans les périodes ordinaires. Le congé est inutile pour les engagements d'un an. Il est nécessaire pour les engagements au mois. Le maître ne peut renvoyer le domestique ni celui-ci quitter le maître avant l'expiration de l'année ou du mois.

277. Cas de silence. — L'engagement fait à l'année expire sans congé ; celui au mois continue dans le silence du maître et du domestique ; pour rompre dans ce cas, il faut s'avertir huit jours d'avance.

278. Moments d'entrée et de sortie. — L'entrée a lieu le jour au soir ; la sortie à midi, la veille du jour de l'expiration.

279. Divers domestiques. — Il n'y a pas d'usage particulier de louage pour les cochers, jardiniers, portiers ou gardes.

280. Gardes des bois. — Il leur est quelquefois accordé une gratification en argent lors de la vente des bois ; mais elle n'est obligatoire qu'autant qu'elle est l'objet d'une clause spéciale au cahier des charges.

281. Usages généraux. — Les usages ci-dessus sont applicables aux domestiques attachés à la personne dans

les villes, bourgs et campagnes, sauf en ce qui est dit au
n° 280.

282. MAITRES HABITANT LA CAMPAGNE. — Les domestiques attachés à la personne, et dont le maître est cultiva-
teur et habite la campagne, sont soumis aux usages qui
régissent les domestiques attachés à la culture.

SECTION IIme. — *Domestiques attachés à la culture.*

284. LESQUELS sont les charretiers, valets et servantes
de cour et les gardiens et gardiennes de troupeaux.

285. ARRHES. — Elles sont d'usage pour constater
l'engagement.

286. ENGAGEMENT. — Il est réciproquement constaté
par la remise des arrhes.

287. RUPTURE. — Il n'y a pas de délai pour rompre
l'engagement, mais, s'il y a rupture, les arrhes doivent
être abandonnées ou restituées; puis il est dû une indemnité à apprécier selon les circonstances.

289. ARRHES ACQUISES. — Quand l'engagement s'exé-
cute, les arrhes sont acquises dès le jour de l'entrée.

290. PÉRIODES. — Les ouvriers attachés à la culture
se louent à l'année ou par serte.

291. DURÉE DE L'ENGAGEMENT. — Il ne peut être rompu
qu'à l'expiration de la période pour laquelle il a été contracté.

292. SERTES. — L'année se divise en deux périodes
appelées sertes : l'une, d'été de la Saint-Jean, 24 juin,
ou de la Saint-Martin, 5 juillet, à la Saint-Martin, 11 no-

vembre; l'autre d'hiver, de cette époque à la Saint-Jean ou à la Saint-Martin d'été.

295. GAGES. — Ils sont fixés à l'année ou par sertes.

296. FIXATION DE LA DURÉE. — La fixation des gages à tant par an, ou par serte, par mois ou par jour, sert à déterminer la durée de l'engagement.

297. PAIEMENTS. — Ils se font par périodes, à partir de l'entrée des domestiques, tous les trois mois pour les gens mariés, tous les six mois pour les célibataires.

298. RUPTURES. — Quel que soit le temps pour lequel l'engagement a été contracté, il ne peut être rompu sans circonstances particulières ou sans motifs légitimes par aucun des contractants.

299. INDEMNITÉ. — Toutes les fois qu'il y a rupture d'engagement, il y a lieu à indemnité.

300. AVERTISSEMENT. — Il n'y a pas lieu d'en donner, puisque le cas de rupture n'est point admis.

302. — Il n'est pas non plus nécessaire quand la sortie a lieu à l'époque déterminée pour la période d'engagement.

303. RENGAGEMENT. — Il n'y a pas d'époque fixée pour le contracter.

304. SORTIE, ENTRÉE. — La sortie a lieu la veille de l'expiration de l'engagement, à midi; l'entrée le lendemain de ce jour-là, au soir.

305. GARDIENS DE VACHES. — Les enfants chargés de ce soin se louent au mois.

306. GRATIFICATIONS. — Il est d'usage de donner une rémunération, sans qu'elle soit obligatoire, aux charretiers, lors de la vente de leurs chevaux; aux servantes, lors

des ventes de vaches et de porcs, des saillies de taureaux et de verrats.

307. Bergers. — Il est d'usage de leur donner le vin à la vente des moutons.

308. — **Leurs engagements** pour les époques, la durée, les gages, la rupture, sont les mêmes que pour les autres domestiques.

309. Mise au troupeau. — C'est souvent une faculté accordée au berger d'avoir, suivant l'importance du troupeau, et après convention, une quantité de bêtes de 4 à 6 pour cent dans le troupeau du maître.

310. — **Le chien** est nourri par le berger au moyen d'un supplément du pain fourni par le maître.

311. Gratifications. — Lors de la vente des bestiaux, les domestiques qui les soignent reçoivent généralement une gratification. Et quand la convention existe, la gratification est due tant pour les bestiaux vendus à la ferme que pour ceux vendus dehors.

313. Quotité des gratifications. — Quand on n'est pas convenu du chiffre, l'usage établit : de 3 à 5 francs pour un cheval ; — 1 franc par vache, veau gras ou porc gras ; — 0 fr. 30 par mouton gras ; — 0 fr. 25 par coureur, par cochon de lait, mouton maigre, agneau ; — 0 fr. 10 par cent de fromages ou par hectolitre de cidre ; — et suivant les localités, 0 fr. 05 ou 0 fr. 10 par taureau ou verrat.

314. Responsabilité. — En cas de convention sur la gratification, elle est due par l'acheteur, sous la responsabilité du maître.

315. Moisson. — Les ouvriers qui exploitent la récolte sont désignés sous le nom de moissonneurs ou d'aoûteurs.

316. Durée de l'engagement. — C'est une période de cinq à six semaines qui commence au jour de la fauchaison du froment ; le seigle en dehors.

317. Paiement. — Les aoûteurs sont payés soit à forfait, soit à tant par mois ou par semaine, soit par l'abandon d'une partie de la récolte dont la proportion en général est la treizième gerbe ou huit pour cent.

318. Objet du travail. — Les céréales et les plantes fourragères sont l'objet de la moisson, excepté le trèfle incarnat, la betterave et la pomme de terre.

319. Composition. — L'exploitation de la moisson comprend ce qui est à couper, faner, lier et tasser.

320. Travaux supplémentaires. — En dehors de cette exploitation, et dans le cas de conventions spéciales, les aoûteurs doivent ramasser les pommes, charger les fumiers, les épandre, défaire et faire les meules, arracher les chardons.

321. Epoque des paiements. — Quand ils ont lieu en nature, on les fait à mesure des récoltes, et immédiatement après celles-ci, si le paiement se fait en argent.

322. Boisson. — En dehors du salaire, le moissonneur n'a droit qu'à la boisson.

323. Régime & Nourriture. — Les ouvriers des diverses professions travaillent le plus souvent à leur pièce ou à la tâche. — Quelquefois à la journée, et alors ils travaillent le même temps que les domestiques ; et lorsqu'ils ne sont pas nourris, ils ont la boisson pendant le travail. — En général, les hommes de peine ont la boisson dans les fermes et sont payés à la journée. — Quand les ouvriers sont nourris, ils vivent comme les autres domestiques et avec eux.

324. Batteurs, Marneurs. — Les batteurs sont payés au cent, les marneurs le sont à l'hectolitre ; tous ont la boisson.

Section IIIme. — *Employés et Commis dans les maisons de commerce et d'industrie.*

325. Filatures. — Le directeur est engagé et payé au mois. — Le congé de cessation d'engagement doit être donné réciproquement un mois d'avance. — Le contre-maître de carderie et les ouvriers sont engagés et payés à la quinzaine ; le congé doit être donné quinze jours d'avance, et la quinzaine commence ordinairement le lundi.

Tanneries. — Conditions semblables à celles des ouvriers de filature.

Moulins a blé. — Les garde-moulins et autres sont engagés au mois et payés chaque mois ; le congé de part et d'autre se donne quinze jours d'avance.

Briqueteries. — Un entrepreneur, pour chaque campagne commençant au renouveau, s'oblige à tirer, mouiller et gâcher la terre, en se servant de l'eau qui est à la briqueterie et que le maître de celle-ci lui rend sur place.

De plus il s'engage à mouler tant de mille de briques, à les faire sécher, à les réunir ensuite et à les enfourner ; à chauffer le four, à fournir et à placer sur le terrain de la briqueterie la brique cuite à tant du mille. Ses aides ou manœuvres sont payés à tant du mille ou à la journée. L'engagement du chef de l'établissement, celui de l'entrepreneur et des ouvriers, l'un envers l'autre, ne peuvent être rompus avant la cuisson et le rangement de la dernière fournée.

Autres. — A l'égard des autres établissements, les ouvriers sont en général à la journée, ou bien il y a convention de gré à gré pour la période ou pour la tâche.

Commerce. — Chaque maison qui a des employés traite de gré à gré.

DEUXIÈME PARTIE.

USAGES LOCAUX
Sur Matières étrangères au Code civil.

TITRE I.

MATURITÉ DES FRUITS.
Saisie brandon.

Code de procédure civile, art. 626. — *La saisie-brandon ne pourra être faite que dans les six semaines qui précèdent l'époque ordinaire de la maturité des fruits.*

326. Fruits pendant par racines. — Le 24 juin est l'époque où l'on peut commencer la saisie-brandon.

327. Verdures. — L'époque pour elles commence avec juin, sans jour fixe.

328. — Fruits des arbres. — L'époque commence avec septembre, sans jour fixe.

TITRE II.

CURAGE des CANAUX & RIVIÈRES NON NAVIGABLES.

Loi du 14 floréal an XI, art. 1er. — Il sera pourvu au curage des canaux et rivières non navigables et à l'entretien des digues et ouvrages d'art qui y correspondent de la manière prescrite par les anciens règlements ou d'après les usages locaux.

329. La VARENNE. — La seule rivière non navigable est la Varenne, pour laquelle il n'y a pas d'usages locaux; des règlements (dont le plus ancien, du 22 décembre 1852) sont confiés à un syndicat pour leur exécution.

———

TITRE III.

PARCOURS & VAINE PATURE.

330. Le PARCOURS est inconnu dans le canton.

333. La VAINE PATURE y est tombée depuis longtemps en désuétude.

———

TITRE IV.

GLANAGE, RATELAGE, GRAPILLAGE.

CHAPITRE I.

Glanage.

341. TERRES SOUMISES closes et non closes.

342. QUELS GRAINS? — Le glanage s'exerce sur le froment, le seigle et l'orge ; jamais sur les avoines.

344. DURÉE. — Il commence immédiatement après la récolte et ne dure que trois jours, depuis le lever jusqu'au coucher du soleil.

346. PERSONNES. — Le glanage n'est toléré que pour les infirmes, les vieillards et les enfants des indigents.

CHAPITRE II.

Ratelage, Grapillage.

348. RATELAGE. — Le glanage au râteau n'existe qu'au profit du propriétaire de la récolte.

351. Le GRAPILLAGE n'a pas raison d'être dans le canton.

TITRE V.

USAGES CONCERNANT LES MARCHÉS.

353. BESTIAUX. — Pour leur vente, l'accord rend le traité définitif, sans attendre la livraison de l'animal ou le versement du prix ; c'est un usage général pour tous bestiaux.

355. LES GRAINS se vendent au poids, sans excédant et à la mesure rase.

356. Les FOURRAGES et pailles en bottes, les fagots et les bourrées se vendent au cent, avec quatre en sus.

357. POIDS DES BOTTES. — Celles de fourrages doivent peser de 5 à 6 kilogrammes ; celles de pailles de 6 à 7 kilogrammes.

358. POMMES. — Celles à piler se vendent au demi-hectolitre, mesure comble.

TITRE VI.

MESURAGE DES TERRES EN RIDEAU.

359. LIMITES. — Point d'usage pour déterminer les

limites de propriété des terres en rideau ; tantôt c'est à un mètre à partir de l'arête supérieure du rideau ; tantôt au milieu du rideau. Il arrive aussi que le rideau est considéré comme appartenant au propriétaire inférieur.

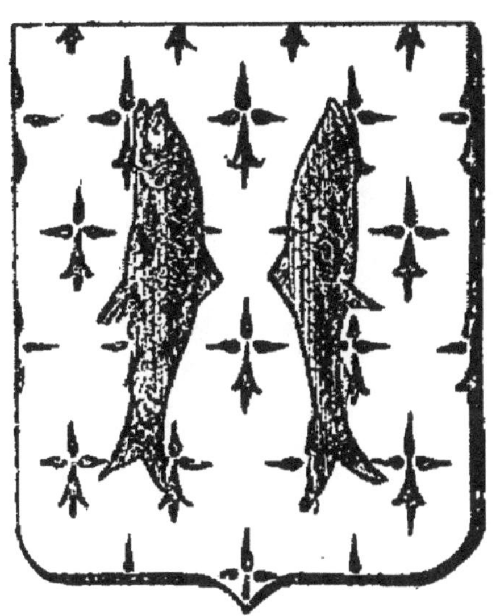

TABLE ALPHABÉTIQUE

ABRÉVIATIONS.

Domest.	Domestique.	Indust.	Industriel.
Engag^t.	Engagement.	Préparat.	Préparatoire.
Établ.	Établissement.	Proport.	Proportionnel.
F. E.	Fermier entrant.	Réparat.	Réparation.
F. S.	Fermier sortant.	Entret.	Entretien.
		Locatⁿ	Location.
Gratif.	Gratification, pourboire.	Loc^{re}.	Locataire.

A

B

E

G

H

I

J

N

Q

R

—

T

—

DIVERSES PUBLICATIONS

DU RÉDACTEUR

DE CES USAGES LOCAUX.

1833. — Le *Moniteur* du 26 février. Paris, DENTU.

1838. — Notice sur les *anciens Comtes de Paris*. Versailles, MONTALANT.

1839. — *Versailles*, seigneurie, château et ville, 1er volume; temps féodaux, Louis XIII, avec planches. Versailles, ANGÉ.

1840. — *Extinction de la mendicité dans les villes*. Versailles, ANGÉ.

1842. — *Les Classes nobles*, par Granier de Cassagnac, examen critique. Versailles, MONTALANT.

1842. — *Armoiries successives* de Versailles et planches. Versailles, MONTALANT.

1842. — *Pèlerinage chez le Bonhomme* ou la *Maison de La Fontaine*, à Château-Thierry. Versailles, MONTALANT.

1843. — *Eloge de l'abbé de l'Epée*, à l'inauguration de sa statue dans sa ville natale. Versailles, MONTALANT.

1848 (mars). — *Appel au Droit commun*. Versailles, BERNARD.

1848. — *Importation du parasol en Angleterre*, par John Locke. Versailles, MONTALANT.

1849. — *Les Caisses rurales*, en collaboration avec Anat^{lle} de Puysegur, pétition motivée, avec rapports favorables à l'Assemblée nationale, par MM. Dambray & Benoist-d'Azy.   Paris, SCHNEIDER.

1855. — *Le Bailly d'Orléans en 1420.*   Orléans, GATINEAU.

1857. — *Lettres à Henri Martin*, réfutations de ses appréciations sur Jeanne d'Arc et sur d'autres.   Paris, CLAYE.

1861. — *Ascension au mont Sainte-Victoire* ou *Saint-Venture*, près Aix, Provence.   Aix, RÉMONDET-AUBIN.

1865. — *Assassinat du bailly de Rouen, 1417,* par Alain-Blanchard et consorts.   Neufchâtel, Mlle FÉRAY.

1865. — *Minutes des Notaires avant 1790 et la Paléographie* (XXXIIe Congrès scientifique de France).   Rouen, BRIÈRE.

1871. — *Monogramme du portrait du S. P. Jean XXII à Boulbon* (XXXVe Cong. scient. de France).   Montpellier, MARTEL.

1871. — *Dict. topographique de l'arrond^t d'Arles*, en collaboration avec le comte de Revel du Perron, — ouvrage qui a obtenu au concours des Sociétés savantes de France (1867), en Sorbonne, une mention très-honorable, avec médaille d'argent, grand module.   Amiens, CARON.

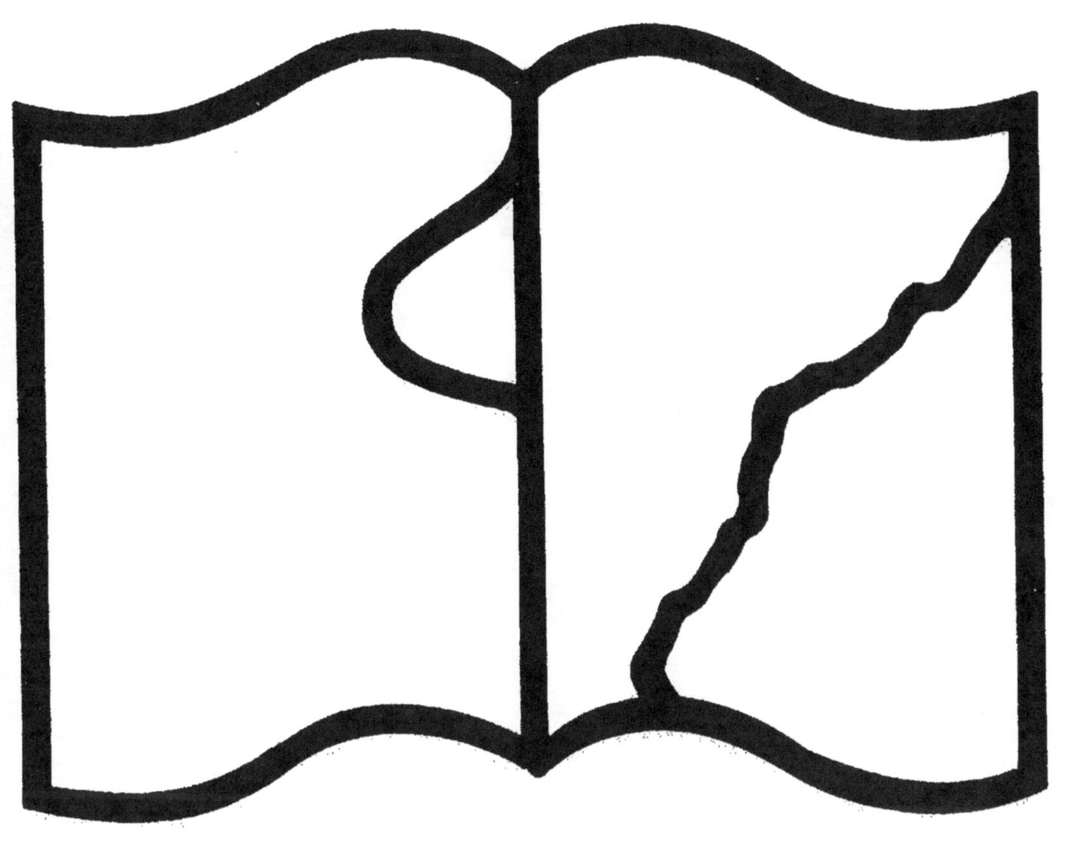

Texte détérioré — reliure défectueuse

NF Z 43-120-11